目と耳で学ぶ！
はじめての テレアポ 成功ブック

CD付き！
テレアポ職人の
テレアポが聴ける

テレアポ職人
竹野恵介

同文舘出版

はじめに

　今回で私のテレアポ本は4冊目となります。
　まず、謝ります。
　これまでのテレアポ本も、内容に関してはまったく問題ありません。
　が、しかし……
　文字だけではわかりづらい部分があったと思います。
　テレアポのノウハウを解説するには「話し方」についての説明が不可欠ですが、これは文字で表現しづらい部分です。
　そこで今回は、具体的なポイントのみで構成しています。長い文章は書いていません。
　そして図や音声CDをつけることで、よりわかりやすくしました。

　本書が1冊あれば、机に向かってすぐにテレアポすることが可能です。
　活字嫌いの方でも、ポイントを軽く読んだ後、本書を机に置いておくことで、すぐにテレアポを実践することができます。

テレアポの主要ポイントである

マインド
リスト
スクリプト
話し方

この4つに関して、重要ですぐに実行可能なポイントのみ掲載しています。

この本は、スポーツの指導書のような内容です。
数多くのアポインター・営業の方の「テレアポに関する悩み」を解決してきたテレアポ職人 竹野恵介が、テレアポ初心者向けの実務書として書き下ろしたテレアポ本です。ぜひ、本書を読みながら実践してください。

また、今回は音声CD付きですから、ぜひ「耳」からも学んでください。
私の本として初の試みになりますが、皆様が望んでいたものだと思います。
これまでテレアポのセミナーを何度も行なってきましたが、受講者の方からもっとも多い要望が「実践」です。

セミナーでは、会場や人数の都合でなかなか実践は行なえません。
　それと同じで、本を読まれた方も「どうやって実践すればいいのか？」という疑問があったかと思います。

　今回は「私が普段スクリプトをどのように話しているか」を録音しているほか、皆様がCDを使って練習できるようにも工夫しています。
　つまり、この本とCDがあれば、テレアポをまったくしたことのない方でも、すぐにできるようになっています。

　少し経験のある方は、ご自分のやり方と較べて、取り入れる部分は取り入れてください。

　やり方がわかれば、テレアポは難しくありません。
　どちらかというと、そのやり方を見つけるほうが難しいかもしれません。

　でも、ご安心ください。
　その答えは、この本の中にあります。

テレアポ職人　竹野恵介

CONTENTS

はじめに

1章 成功するテレアポの「マインド（気持ち）」

1. テレアポって嫌われているの？ …………………………… 8
2. 「悪いテレアポ」と「よいテレアポ」 …………………… 12
3. 「○△×」の法則 ………………………………………… 16
4. テレアポの役割って？ …………………………………… 20
   テレアポにおける意識改革チェックシート ………… 23

2章 成功するテレアポの「事前準備」

1. テレアポに必要な事前準備 ……………………………… 26
2. リストの準備 ……………………………………………… 28
3. リストをデータベース化する …………………………… 34
4. スクリプトの事前準備 …………………………………… 38
5. スクリプトの目的　キャッチコピー作成法 …………… 42
6. テレアポをする時に用意するもの①　テレアポ用メモ … 48
7. テレアポをする時に用意するもの②　その他の道具 …… 52
8. テレアポをする時の机の配置 …………………………… 56
   スクリプト作成シート …………………………………… 59

3章 成功するテレアポの「話し方」

1. ゆっくりしゃべる …………………………………… 62
2. 30秒に収める ………………………………………… 66
3. 声質と声のトーン …………………………………… 68
4. 強弱をつける ………………………………………… 70
5. 質問をする …………………………………………… 74
   テレアポにおける意識改革チェックシート ………… 78

4章 成功するテレアポの「応酬話法」

1. なぜ、応酬話法が必要なのか ……………………… 80
2. 応酬話法例① 「資料を送って欲しい」…………… 86
3. 応酬話法例② 「どんな内容の話なのか」………… 88
4. 応酬話法例③ 「興味がない」……………………… 90
5. 応酬話法例④ 「時間がない」……………………… 92
   応酬話法のポイント1 ………………………………… 95
6. 応酬話法例⑤ 「こちらから電話します」………… 96
7. 応酬話法例⑥ 「営業電話お断り」………………… 100
8. 応酬話法例⑦ 「とおっしゃいますと？」………… 102
9. 応酬話法例⑧ 「120%満足していますか？」……… 104
   応酬話法のポイント2 ………………………………… 107

5章 成功するテレアポの「継続法」

1. テレアポの効果的継続法 ………………………… 110
2. テレアポの練習方法 ………………………………… 116
3. スランプ脱出法 ……………………………………… 120
　　テレアポのポイント・チェックシート ………………… 127

おわりに

カバーデザイン　　　　藤瀬和敏
本文DTP　　　　　　（有）ブラシス
CD制作協力　　　　　（株）サムスィング
CDナレーション協力　のざききいこ

1章 成功するテレアポの「マインド」（気持ち）

LESSON 1 テレアポって嫌われているの？

あなたに質問があります。

あなたのテレアポは嫌われていると思いますか？

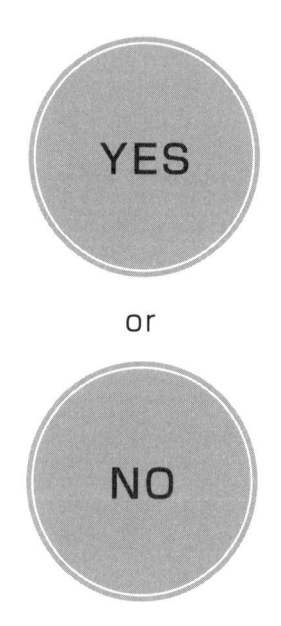

YES

or

NO

1章　成功するテレアポの「マインド（気持ち）」

前ページの質問の答えは、YESでもNOでもありません。

質問を2つに分ける必要があります。
「一般的なテレアポ」と「あなたのテレアポ」の2つに分ける必要があるのです。

一般的なテレアポ

あなたのテレアポ

通常は図のように、「あなたのテレアポ」は「一般的なテレアポ」の内部にあります。

しかし、アポをたくさん取るためには、あなたのテレアポは一般的なテレアポから離れる必要があります。

（図：一般的なテレアポ／あなたのテレアポ）

　一般的なやり方のテレアポは世の中から嫌われています。
　しかし、あなた自身が嫌われているわけではありません。世の中の人は、「テレアポ自体」を嫌っているのです。

　「テレアポされる人」はひとりです。しかし「テレアポする人」はたくさんいます。
　ですから、同じやり方ではダメなのです。

1章 成功するテレアポの「マインド（気持ち）」

```
   テレアポする人         テレアポする人
        ↓                    ↓

             テレアポされる人

        ↑                    ↑
   テレアポする人         テレアポする人
```

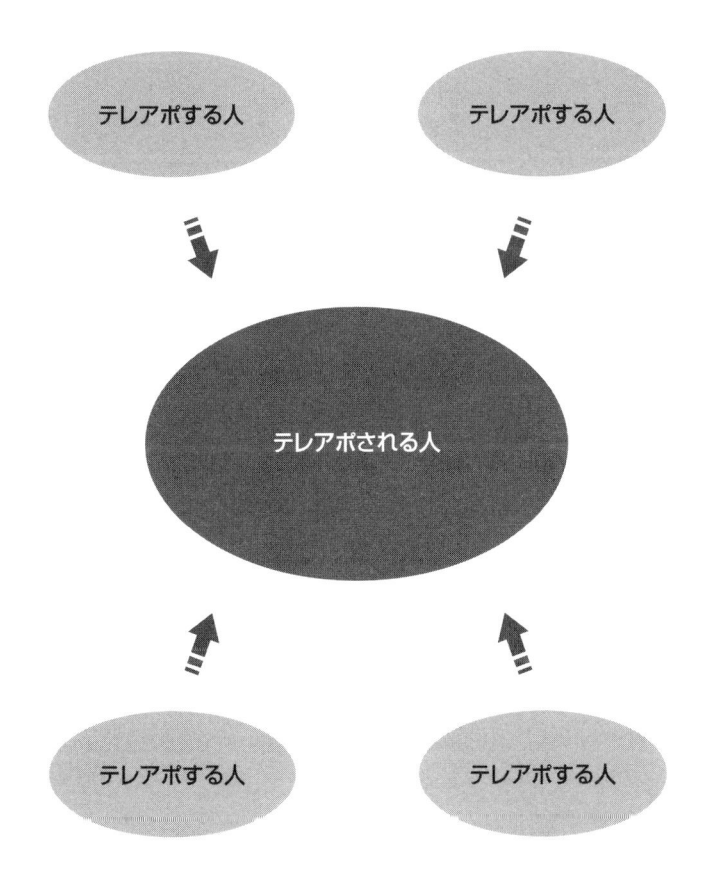

　大切なことなので、もう一度。

　あなたのテレアポが嫌われているのではありません。悪いテレアポが嫌われているのです。

LESSON 2 「悪いテレアポ」と「よいテレアポ」

「一般的なテレアポ」と「あなたのテレアポ」があることに加えて、さらに、世の中には「悪いテレアポ」と「よいテレアポ」があります。

「悪いテレアポ」とはアポが取れないテレアポです。

「悪いテレアポ」には3大要素があります。

❶ 早口
❷ 目的を言わない
❸ 一方的

悪いテレアポは、早口でまくし立てます。そして、目的を言うと切られてしまうので、目的を言う前に世間話をして、相手が気を許すのを待ちます。

さらに、一方的に話すので、断りたくても、相手はなかなか電話を切ることができません。

昔はテレアポも嫌われていなかったのですが、こういった悪

いテレアポが数多くあったことで、多くの方が学んで自己防衛するようになりました。

それが「ガチャ切り」です。

テレアポだとわかったら、必要のない電話だと判断したら、何も言わずに電話を切る。

「ガチャ切り」とは、「悪いテレアポ」の結果なのです。

「受付ブロック」も同じようなことで発生した自己防衛手段です。

かたや「よいテレアポ」とは、アポが取れるテレアポです。

私が提唱するテレアポノウハウの基本の部分です。

それは

❶ ゆっくりしゃべる
❷ 目的を伝える
❸ 会話をする

見てのとおり、「悪いテレアポ」の3大要素と反対のことです。

世の中の人が「悪いテレアポ」を相手にしないとわかっているので、その逆をやるという、単純で簡単なことです。

悪いテレアポ		よいテレアポ
✕ 早口	⟷	○ ゆっくりしゃべる
✕ 目的を言わない	⟷	○ 目的を伝える
✕ 一方的	⟷	○ 会話をする

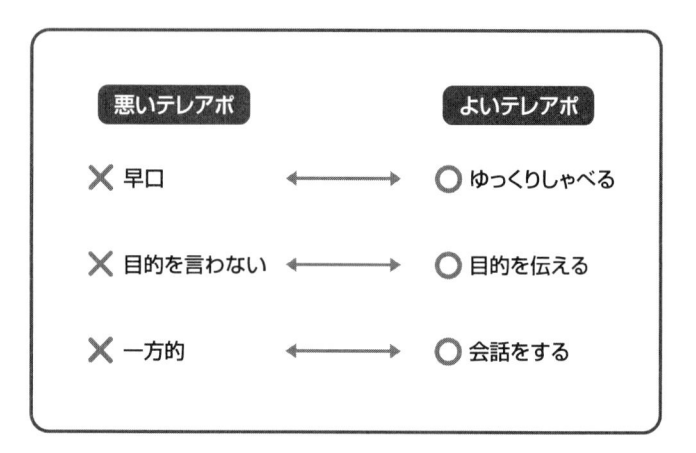

　ただ、テレアポについて誰かが論理立てて説明してくれることはほとんどないので、特に初心者の方が学ぶのは難しいノウハウなのです。

　この3大要素を含めたテレアポノウハウを、本書でこれから詳細に学んでいただきたいと思います。
　その前に、もう少しマインドについてお話ししましょう。

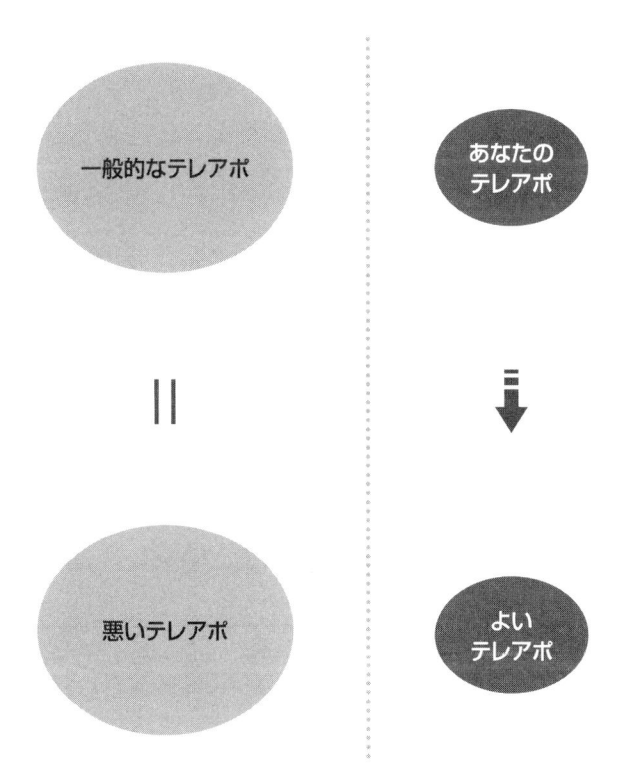

1章 成功するテレアポの「マインド（気持ち）」

一般的なテレアポ = 悪いテレアポ

あなたのテレアポ → よいテレアポ

嫌われているのは「一般的なテレアポ」「悪いテレアポ」。
そこから切り離して、「あなたのテレアポ」を「よいテレアポ」にしよう

LESSON 3 「〇△×」の法則

ある提案をすると、人の意見は大きく3つに分かれるものです。

〇:賛成してくれる人
△:どちらでもない人
×:反対の人

これをテレアポに置き換えると

〇:アポが取れる相手
△:どちらでもない相手
×:アポが取れない相手

成功するテレアポマインドを保つ上で一番ネックになるのは、「×:アポが取れない相手」の反応です。

「忙しい」と怒られる。

1章 成功するテレアポの「マインド（気持ち）」

「二度と電話するな!!」と言われる。
ガチャ切りされる。
多くの方は、そんなキツい断りにメゲてしまいます。

「私は悪いことしていないのに、何で怒られるの？」
「テレアポって悪いことなの？」
こんなふうに考えてしまいます。

多くの方が「×」に心を痛めるのですが、どんなことにも「×」はあります。
なぜ、テレアポだと他の断りよりきつく感じるのか？

それは、「見えない」からです。
通常の商談では、相手の表情や仕草から「断られるだろうな」と、何となく感じられるものです。
これを「ノン・バーバルコミュニケーション」と言います。
雰囲気、と言えばわかりやすいでしょうか。

* ノン・バーバルコミュニケーションとは、非言語伝達＝言葉以外の伝達方法。たとえば、ジェスチャーや言葉の抑揚、ゆっくりしゃべるなど、言葉そのものよりも伝え方、印象として残る伝達方法。

相手の顔や表情がわかれば、「感じ取ること」ができます。
　しかしテレアポは声だけのやり取りなので、相手の姿は見えず、「感じ」がわかりません。
　ですから、コミュニケーションとして不完全なのです。

　これは、あなたが電話をかける相手の人にも当てはまります。
　電話を受けるほうにとっても、情報が少ないので、判断しづらいことなのです。
　「情報が少ないことは受け入れられない→断る」となるわけです。

　人は視覚から得られる情報を重視します。人の目は前についていて、常に何かを見ています。
　それに対して「耳」は横についています。

　一方、狩をする動物の耳は、ピンと立って前を向いています。
　これは、獲物の出す音を聞き逃さないためです。
　狼の耳はピンと立っています。

1章 成功するテレアポの「マインド（気持ち）」

人　　　　　狼

もうひとつ踏みこんだ話をすると、「×」を気にしないことも大切です。

そもそも、テレアポは我々が勝手にしていることです。

提案するサービスや商品を必要としている人にだけ電話を掛けているわけではありません。

あなたのサービス・商品が必要でない人は間違いなく存在します。

その人たちは、断るのです。

必要のないものを断る、それは正しいことです。

さらに、相手の了解もないのに、一方的に電話をしているのです。相手が忙しいかどうかを確認してから電話するわけではありません。

ですから、断られることが多くて当たり前なのです。

LESSON 4 テレアポの役割って？

　テレアポは断られることが多くて当たり前、そうお話ししました。

　しかし、そんななかでもアポを取ることができて、会える人もいます。

　「相手と会えることもある」──ここにテレアポをする意味があります。

　テレアポは、時間とコストが比較的かからずに、結論が早く出ます。

　広告やDMと較べると、「安くて早い」のです。

　「テレアポとは、お客様・見込み客を探す作業」です。

　「作業」と考えてください。

　どんなに、アポ取得率の高い方でも、「アポ数」より「断られる数」のほうが圧倒的に多いのです。

注目してほしいのは、「△」の相手です。

そして、「×」の方のなかに、本当は「△」の方がいることも覚えておいてください。

「△」は、会えるか・会えないか、わからない方です。

この方は、やり方次第で「○」になります。

「○」にするには、応酬話法が必要です。

また「×」と言っている方の中にも、本当は「×」でないケースがあります。

電話だと表情を読まれないので、簡単にウソをつくことができます。

「必要ない」「忙しい」と言われても、本当に忙しいのかどうかの見極めが必要です。

これにも、応酬話法が必要です。

応酬話法については、後の章でじっくり説明します。

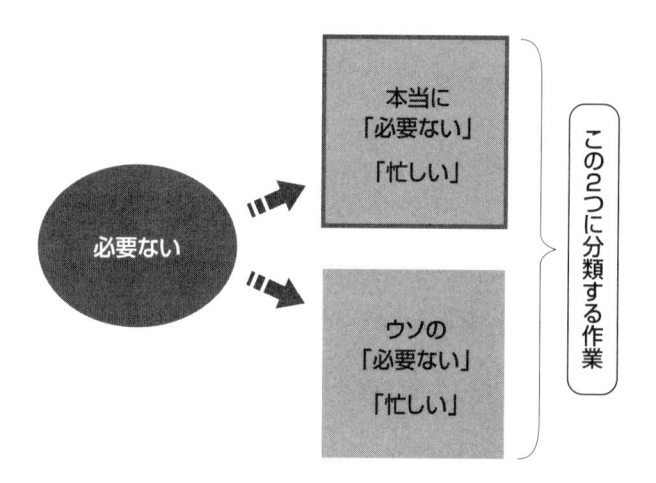

```
必要ない  →  本当に      ┐
              「必要ない」  │
              「忙しい」    │ この2つに分類する作業
                          │
           →  ウソの      │
              「必要ない」  │
              「忙しい」    ┘
```

　声だけのコミュニケーションであるテレアポは、他のコミュニケーションより劣るのです。

　だから、難しいのです。
　難しいからこそ、そのやり方が重要です。

　そのやり方＝アポが取れる具体的な方法をこれから説明していきます。

✓ テレアポにおける意識改革チェックシート

- [ ] よいテレアポと悪いテレアポの違いを理解している

- [ ] 「×」に心を痛めない

- [ ] テレアポは他のコミュニケーションより劣ることを理解している

- [ ] テレアポは「見極める作業」であることを理解している

2章 成功するテレアポの「事前準備」

LESSON 1 テレアポに必要な事前準備

 何をするにも準備は必要です。もちろん、テレアポでも事前の準備は必要です。
 では、ここで質問です。

質問 テレアポをするのに必要なものを3つ挙げてください。

❶ (　　　　　　　　　)
❷ (　　　　　　　　　)
❸ (　　　　　　　　　)

2章 成功するテレアポの「事前準備」

　答えは❶リスト、❷スクリプト、❸メモ・ペンなど筆記用具、です。
　まず「リスト」、アポイントを取る相手の一覧が必要です。
　どういったリストを用意すればいいのかは、業界や業種によって違います。

　また、初心者の方は、リストを与えられているケースが多いと思いますので、リストの「取得方法」よりも、「管理の仕方」を覚えてください。
　リスト管理方法を覚えることによって、効率のよいテレアポが可能です。

　次に「スクリプト（台本）」も必要です。
　テレアポでは、「何を話すか」がとても重要です。
　この構成・仕上がりによって、アポが取れるかどうかが決まってきます。
　38ページ以降で、具体的な作成方法を教えます。

　さらには、メモやペンといった筆記用具も事前に準備しておかなければならないものです。
　具体的にどういったものを用意して、どのように使うのか。
　48ページ以降で図を活用して説明します。

LESSON 2 リストの準備

ここから、「リスト」についてお話しします。

質問 あなたのリストはどのタイプですか？

❶ データベースになっている（パソコンで管理できる）
❷ 紙に書かれている
❸ いきあたりばったりである（リストがない）

❶ の方は、合格です。リストの基本は大丈夫です。

リストは「データ」になっていることが、最低限、必要なのです。

さらに、そのデータの活用方法をこの本で紹介するので、ぜひマスターしてください。

❷ の方は、もう少し頑張りましょう。

紙に書いた状態でも、テレアポをすることは可能です。

しかし、1枚1枚めくって電話をすると時間が掛かります。

そこで、データベース化することをお勧めします。パソコンで管理できるようにしましょう。

その雛形をこれからお伝えします。

ソフトはエクセルでもワードでも構いません。難しいことはありませんので、ぜひ、挑戦してください。

❸の方は、もっと頑張りましょう。

いきあたりばったりの方はおそらく、毎回テレアポする時になって、インターネットで電話をする先を探しているのだと思います。

そのやり方では効率が悪く、リストの傾向と対策を考えることができません。

まず、テレアポする前にリストを用意しましょう。

本書ではリストの取得方法について触れませんが、詳しく知りたい方は『即効即決！　驚異のテレアポ成功術』（同文舘出版）を参照してください。

質問 リストに必要なのは以下の5つの項目です。並べる「順番」を決めてください。

電話番号・部署・担当者・日時・会社名

❶ (　　　　　)
❷ (　　　　　)
❸ (　　　　　)
❹ (　　　　　)
❺ (　　　　　)

答えはリストの雛形とともにみていきましょう

会社名	電話番号	部　署	担当者	日　時	日　時	備　考
竹野商事	03-00…	総務部	B課長	11/20 10時	…	
…	…	…	…	…	…	…
…	…	…	…	…	…	…

リストとして最低限必要な項目です。

会社名
電話番号
部署
担当者
日時
備考

日時は複数必要です。1回の電話で結論が出ることはあまりないので、日時の項目は複数作って、時系列で見られるように作成します。

他に必要と思われる項目があれば、プラスしてください。
ただし、あまり横に広がってしまうと目線が動いて疲れるので、ほどほどにしましょう。

この項目から、「どの会社」の「どの部署」の「誰に」電話をしているのか、把握することができます。

ここで、さらに質問です。

❶ リストをデータベース化すると、テレアポを効率化できると思う
❷ 相手はいちいち覚えていないので、リストのデータベース化は無駄だと思う

あなたは、どちらだと思いますか？

答えは❶です。
リストのデータベース化は、テレアポ効率化の第一歩です。
ここで、その効率化について説明しましょう。

会社名	電話番号	部 署	担当者	日 時	日 時	備 考

LESSON 3 リストをデータベース化する

なぜ、リストをデータベース化する必要があるのか？
たとえば、下のようなリストを使うとします。

担当者	日 時	日 時
B課長	11/20 10時 不在	...
C部長	11/30 10時 月末で忙しいので、来週にしてくれ	...
...	...	...
...	...	

> 日時、不在、言われたことを書いておくと、相手の行動パターンがわかる

　日にちと時間、場合によっては曜日まで記録しておくことによって、相手の行動パターンを把握することができます。

電話をしても、相手と話をしなければ、ただ「電話をしただけ」です。

しかし、このように記録しておけば、「いつも10時には外出している」とか、「月末は忙しいから電話をしないほうがいい」ということがわかります。

この記録は、業界や業種の傾向を知る上でも役立ちます。

たとえば「○○業界は毎週水曜日が休み」ということを知っているのと知っていないのとでは、スケジュールを組む時に差が出ます。

「今日は○○業界のリスト」と決めて電話しても、その日がその業界の定休日ということもあるのです。

● 2度目の電話のために

たとえば、D課長は「他社で間に合っている」と、この時は言っていました。

しかし、状況は変わることがあります。

他社との関係が悪くなった、D課長が担当でなくなった──。

一度は断られた相手でも2回、3回と電話することがあります。その時に

「前回は"他社を使っているから大丈夫だ"とおっしゃっていましたが、今も状況は変わっていませんか？」

担当者	日　時	日　時
D課長	12/20　10時 他社で間に合っている	…
E部長	1/10　10時 担当者が別にいる	…
Fさん	1/15　12時 資料を送って欲しい	…
…	…	

> 相手の言ったことを記録しておくと、次回の電話に役立つ

　このように話すことができます。

　人は、まったく初めての電話よりも、2回目、3回目のほうが親近感を持つものです。

　ましてや、前回の電話で言ったことを覚えているとなると、相手の対応も変わります。

　担当者が別にいる場合、記録を取っておけば「E部長が"別に担当者がいる"とおっしゃっていました」と、実際の担当者に電話することができます。

　この場合も、いきなり担当者に電話するよりも、E部長の名前を出すことによって、信頼性を高めることができます。

　また、資料送付を求められた場合でも「いつ送って欲しいと

言われたのか？」、そして「いつ資料が届くのか」を考えて、次に電話する日を決めることができます。

このように、記録を取って、データベース化することによって「単なる会社名と電話番号だけのデータ」に価値が生まれます。

毎回新規のリストに電話をするのも間違いではありませんが、リストを掘り下げていくことで、アポに近づくのです。

それには、リストをデータベース化して、記録を取り続けることです。

紙の余白に書くのも間違いではありませんが、それでは探すのが大変です。

ある1社のデータを探す際、上のほうに書いてあればいいでしょうが、紙を何枚めくればいいのか、わからないのでは大変です。

データベース化できていれば、探すのは簡単です。

LESSON 4 スクリプトの事前準備

事前準備の2つ目は「スクリプト」です。

スクリプトとは「台本」のことで、テレアポのもっとも重要ともいえる部分です。アポを取るために話すことをまとめたものです。

では、ここで質問です。

質問 テレアポにスクリプトは必要だと思いますか？

❶ 必要だ
❷ どちらとも言えない
❸ 必要ない

❸「必要ない」と答えた方は、考え方を変えていただきたいと思います。正直に言えば、スクリプトがなくてもテレアポすることは可能です。

しかし、初心者の方はまず基本をマスターしなければなりません。それには、スクリプト通りに話す必要があります。

私はテレアポをしている企業のコンサルティングも行なっていますが、依頼を受ける企業の多くには、スクリプトがありません。

アポが取れない原因は「スクリプトがない」こと、または、「スクリプトの出来がよくないこと」が多いです。

スクリプトを作っただけで、アポ率が上がる企業があります。さらにいえば、「どのような内容のスクリプトを作るか」によってもアポ率は変わります。

❷「どちらとも言えない」と答えた方の中には、スクリプトの作成方法がわからないという方も多いと思います。

そんな方のために、簡単にできるスクリプト作成法をこれからご紹介します。

繰り返しますが、スクリプトとはテレアポで「何を話すか」を書いたものです。

スクリプトの内容として、重要なのは以下のどれでしょう？

❶ 会社名
❷ あなたの名前
❸ 電話の主旨・目的

　実はこの3つはどれも重要ですが、答えは「電話の主旨・目的」です。
　電話の相手は「何の電話なのか？」これが知りたいのです。

　たとえば、電話の主旨や内容がうまく伝わらないと、相手は「ご用件は？」と聞きますよね。
　これは「電話の主旨・目的を教えてください」ということです。そして、「その内容によって話を聞くかどうか決めます」という意味なのです。

　それなのに、アポインターの多くは、用件をなかなか言わずに、先に会社名や自分の名前を言います。礼儀としては間違っていませんが、相手が知りたいのは、会社名やあなたの名前よりも、「電話の目的」なのです。

　そんな相手の心理を考えて、私がスクリプトを作成する時には「キャッチコピー」や「電話の目的」を最初に言うようにしています。

2章 成功するテレアポの「事前準備」

電話を受ける相手の**「知りたいこと」**

‖

電話の目的

スクリプト

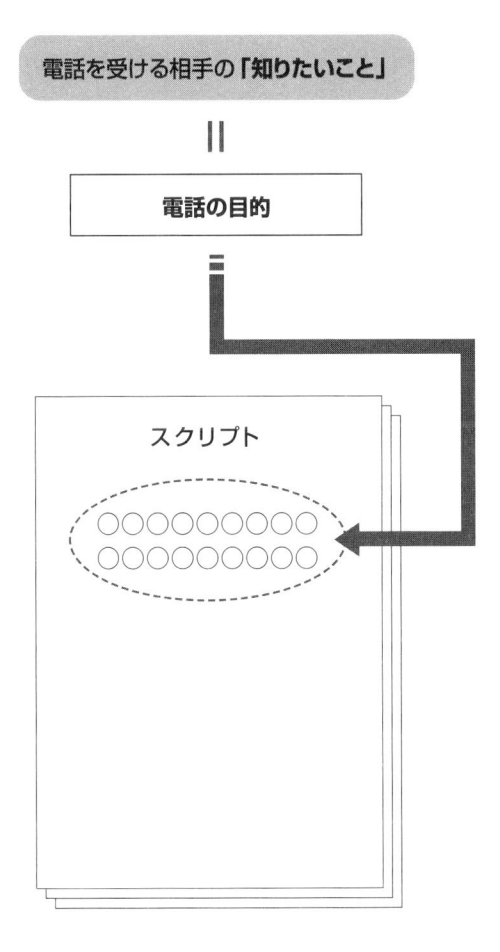

「何のための電話なのか」を最初に言うスクリプトをつくる

LESSON 5 スクリプトの目的 キャッチコピー作成法

スクリプトの具体的な作成法は次のようなものです。

スクリプト例 1

「突然にすいません。私 <u>リゾートホテル専門の**人材派遣**</u> を行なっております <u>**リンクアップ**</u> の <u>**竹野**</u> と申しますが、少々
　　　　　　　　　　　　　　（会社名）　　　　　（名前）
お時間をいただけますでしょうか。

現在 <u>★**ホテル・旅館**</u> の皆様に <u>***人材派遣**</u> のご案内を差し上
　　（ターゲットの業界等）

げております。

当社は <u>***派遣業**</u> を <u>★**ホテル・旅館**</u> 様に特化して行なっておりまして、<u>★**ホテル・旅館**</u> の皆様に非常に喜ばれております」

★=ターゲットの業界
*=あなたの商品・サービス

私の会社の事業のひとつである「リゾートホテル向けの人材派遣」のスクリプト例です。
　通常のスクリプトでは「リンクアップの竹野と申しますが…」とはじめると思いますが、私の場合は会社名の前に「リゾートホテル専門の人材派遣を行なっております」と入れています。

　このキャッチコピー（電話の目的）で、「人材派遣会社からの営業電話である」ということを相手が認識してくれます。

　さらに、「リゾートホテル専門」と言うことによって、他社と差別化ができます。
　「何でもやっている人材派遣会社」ではなくて、「御社専門である」とアピールできるのです。

　スクリプト例の下線の部分をあなたのキャッチコピーや会社名や名前に変えることで、簡単にオリジナルのスクリプトを作成することができます。

　ただ、まだ慣れていないと思いますので、もうひとつ例を出しましょう。

スクリプト例2

「突然にすいません。私 <u>**1000人の顧客を持っている営業マンを紹介できる**</u> <u>**リンクアップ**</u> の <u>**竹野**</u> と申しますが、少々お時間をいただけますでしょうか。
　　　　　　　　　（会社名）　　　　　（名前）

現在 <u>＊**保険業界**</u> の皆様に <u>**転職希望の営業マン**</u> のご案内を差し
　　（ターゲットの業界等）

上げております。

当社は ＊**人材紹介** を ＊**保険業界** 様に特化して行なっておりまして、＊**保険業界** の皆様に非常に喜ばれております」

　これは、人材紹介のテレアポのスクリプト例です。
　このスクリプトの特長は「数字」です。
　キャッチコピーの効果的な作成方法に「数字を入れる」というものがあります。
　ただの営業マンより、「1000人の顧客を持っている営業マン」のほうが、売上が上がりそうな感じがします。

　スクリプトは言葉を羅列したものですが、相手の「耳」に新鮮な言葉を使うことが欠かせません。

以前、わたしがテレアポ代行で作ったスクリプトに
「岩魚も住めるきれいな水ができる浄水システム」
というキャッチコピーを入れました。

　浄水システムを紹介するスクリプトのなかで、きれいな水をアピールするために「岩魚も住める」というフレーズを使っています。
　こんなことを言う企業は他にないので、相手の耳にも新しく、話を聞いてくれるケースが多くなります。

　同様のキャッチコピーは、いろいろなところで使われています。たとえば、本のタイトルは「瞬間的に興味を持ってもらう」ために考えて作られています。

「あなたの会社が90日で儲かる！」（神田昌典著／フォレスト出版）
　「オレなら、3秒で売るね！」（マーク・ジョイナー著／フォレスト出版）
　「医療保険は入ってはいけない！」（内藤眞弓著／ダイヤモンド社）
　「バカの壁」（養老孟司著／新潮社）

これらのキャッチコピーからわかるのは、簡単な言葉で「え？」と思わせるものが多いことです。
　また、先ほど述べた「数字を使う」方法には、より想像しやすくする、という特長があります。

　あなたの扱う商品やサービスのよさを簡単な言葉で伝えること、それがキャッチコピーや電話の目的です。

　もしうまくキャッチコピーが見つからない場合は、購入してくれたお客様に聞くという方法もあります。
　「お客様が使ってみて、よいと思った部分は？」を聞くのです。
　たとえば、
　「コストが2割安くなった」
　「効率が2倍よくなった」
　「月末の経理処理が早くなった」
　「売上が2倍になった」

　──お客様に聞くと、自分たちで考えていたのとは違ったメリットが見つかることがあります。
　自分で考える以外の方法もあるので、やってみてください。

スクリプトを作る目的は、相手の知りたいことを伝えることにあります。

　電話の相手は、「何の電話なのか？」「何をしにくるのか」を知りたいのです。

　あなたの会社名や名前を知りたいのではありません。

LESSON 6 テレアポをする時に用意するもの ①
テレアポ用メモ

　事前準備の3つ目は「メモやペンなど」です。

　これまでは「リスト」「スクリプト」に関して述べてきましたが、もう少し細かい部分の事前準備です。

　「メモやペンなんて細かいことまで……」と感じる方もいるかもしれませんが、初心者の方が意外に見落としがちなことなので、きちんと説明させていただきます。

●最低限必要な物

　メモ
　ボールペン
　マーカー（蛍光ペン）
　カレンダー
　定規
　付箋
　鏡
　まずは「メモ」から確認していきましょう。

メモ　　　　　　　単純に、言われたことを書くためのものです。不在の理由や断られた理由、アポが取れた場合に訪問先の場所を聞いて書くためのものです。

注意していただきたいのは「書くのは簡単にしておいて、電話を掛けることを優先する」ことです。

なかには、1件の電話の結果をリストに1回1回清書している方がいますが、これでは時間が掛かりすぎて、電話の本数が増えません。メモに簡単に書いておいて、後でまとめてリストに書く時間を取る方法がベストです。

●電話の本数と結果を記録

メモとは別に、このような、数字と空欄がある表を事前に作成しておきます。

1		11	
2		12	
3		13	
4		14	
5		15	
6		16	
7		17	
8		18	
9		19	
10		20	

電話をしながら簡単に結果を記録したり、電話の本数を簡単に把握するには、たとえば「○＝アポ」「△＝不在」「×＝NG」と結果を決めておき、記録しておくと便利です。

このように、記録していきます。

1	○	11	△
2	×	12	×
3	×	13	×
4	△	14	△
5	△	15	○
6	△	16	×
7	×	17	△
8	×	18	×
9	△	19	△
10	△	20	○

「今、自分は何本電話をしているのか？」といったことを把握するのに、この表は有効です。

私の会社のアポインターの場合、1時間に平均30本の電話をするように決めています。

これより少ない場合、よほど話し込んで、その結果たくさんアポが取れているケース以外は、時間が掛かりすぎて効率が悪いテレアポをしていると判断できます。

ですから、電話の本数が瞬時にわかるものが必要です。

記録を取りながら、電話のペースを考えさせる目的があります。

テレアポは、相手が不在の場合も多いので、ある程度の本数を掛けないと結果が出ません。

そのため、メモも必要ですが、こういった「結果を簡単に書ける表」も有効です。

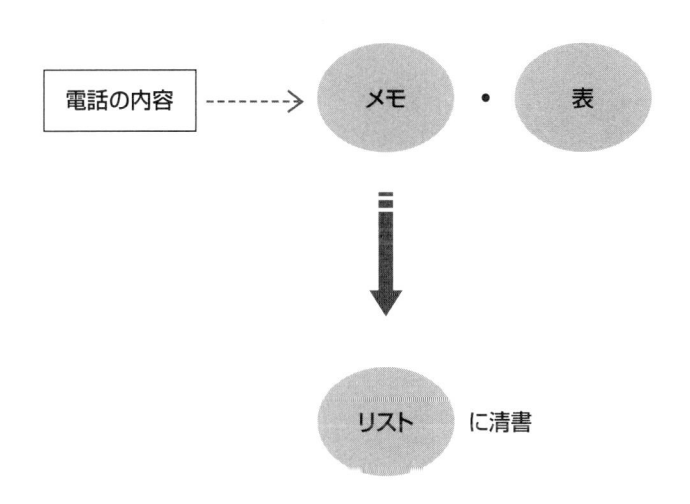

電話の内容 ------> メモ ・ 表

↓

リスト に清書

LESSON 7 テレアポをする時に用意するもの ②
その他の道具

メモの他に必要なもの、あると便利なのは次のものです。

ボールペン

ボールペンはメモや表に書くためのものです。特記事項がある場合のために、黒と赤を用意します。

マーカー

マーカーはボールペンとは別のことに使います。私はアポが取れたところにだけマーカーを入れています。マーカーで色をつけるのは、テレアポでいちばん嬉しい瞬間です。反対に、断られたところや不在の場合は、まずメモに書きます。そして、表に「△」か「×」と書きます。

その後、休憩時間・まとめの時間にリストに書きます。

カレンダー

カレンダーは必ず用意しましょう。実際にアポが入る場合のスケジュール確認のためです。できれば2ヶ月分のカレンダーを用意してください。相手が忙しいと、1ヶ月先のアポを取る場合があるからです。

定規

定規は、リストの「今、電話を掛けている先」に当てておきます。テレアポはたくさんの電話を掛けるので、どこに掛けたかわからなくなる場合があります。

そういったことを防ぐためにも、リストに定規を当ててずらしていきます。

この場合、リストがきちんと表やデータベース化されていることが前提です。A4の用紙1枚に1社の情報しかない場合、定規は必要ありませんが、1枚1枚をめくるのに時間が掛かります。ほんの数秒かもしれませんが、定規が上から下に動くよりも時間は掛かります。

それから、リストをめくるその何秒かのうちに、人はいろいろなことを考えます。めくった瞬間の会社名を見た印象から、勝手に「この会社は手強そうだ」と考えて、電話をしないことがあります。

人は、いろいろな理由をつけて先延ばしにする動物です。

　テレアポの場合は、リズムよく次にいかないと、1枚リストをめくる行為の間に余計なことを考えるものです。

付箋

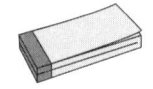

　付箋は、私の場合は特別事項や、その日もう一度連絡をする会社に貼りつけて使っています。「○時に帰社する」と聞き出せたら、その時間を書いてリストに貼りつけます。付箋の使い道はたくさんあるので、有効に使ってください。

鏡

　鏡は自分の表情の確認に使います。連続して断られると落ち込んできます。これは、人間なので仕方がありません。落ち込んでくると、声にもその落ち込みが反映されて、相手に伝わります。そこで、鏡を見て笑顔に戻してからテレアポをするのです。これをテレアポしながら行ないます。落ち込んだ時に、1回1回トイレに行っていたのでは仕事になりませんから、机に鏡を置いて自分の表情を確認しながらテレアポします。

　その他、飲み物、飴（声が枯れる、喉が痛くなるため）も用意します。

ある方は好きなアイドルの写真を見ながらテレアポをしています。韓流スターの写真の方もいます。

こういったことは、どんどん行なうべきです。テレアポは自分のマインドをコントロールしづらいので、切り替えることができるものはどんどん取り入れてください。

LESSON 8 テレアポをする時の机の配置

次に「準備したものをどこに置くか」をご説明します。
人間には「習慣」というものがあります。

自分の机の上の書類やペンやマーカーの位置が勝手に誰かに動かされていると、違和感がありませんか？
「自分のいつもの位置」というものがありませんか？

たとえば、机の上がいつも書類で散らかっている人に「整理しないと仕事にならないでしょう？」と聞いても、そんなことはなく、その人にとってはその乱雑さが「落ち着いて仕事のできる空間」だったりします。

こういうことがあるので、自分のやりやすい配置というものがあるはずです。

2章 成功するテレアポの「事前準備」

下に机の図があります。

机の上に、自分が作業しやすいように、それぞれの道具を置いてみてください。

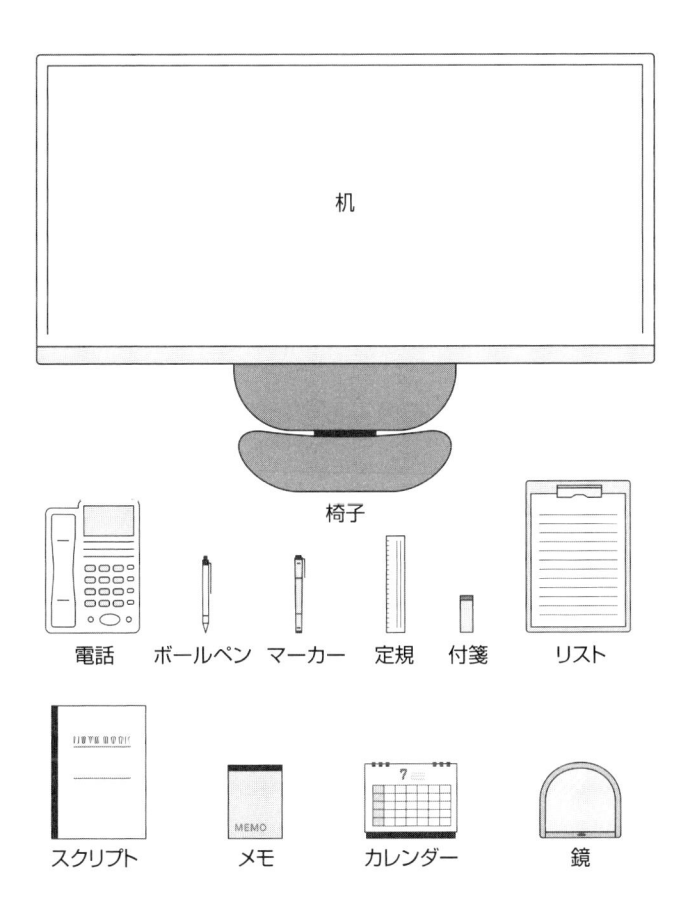

机

椅子

電話　ボールペン　マーカー　定規　付箋　リスト

スクリプト　メモ　カレンダー　鏡

私の場合はこのような配置で行なっています。

私は利き手が右なので、メモやボールペンなど「書くもの」は電話を中心にしてやや右側の位置に置いています。

リストは電話の前に、その上のやや右側にスクリプトを置いています（今も、スクリプトを見ながらテレアポをしています）。

鏡は右奥です。ちょうどその位置にパソコンがあるので、パソコンの画面の前に置いています。自分の顔が写るように調整してあります。

カレンダーも視界に入る位置に置いてあります。

やりやすい場所は人によって違うと思いますので、ご自分でしっくりくる位置を考えてください。

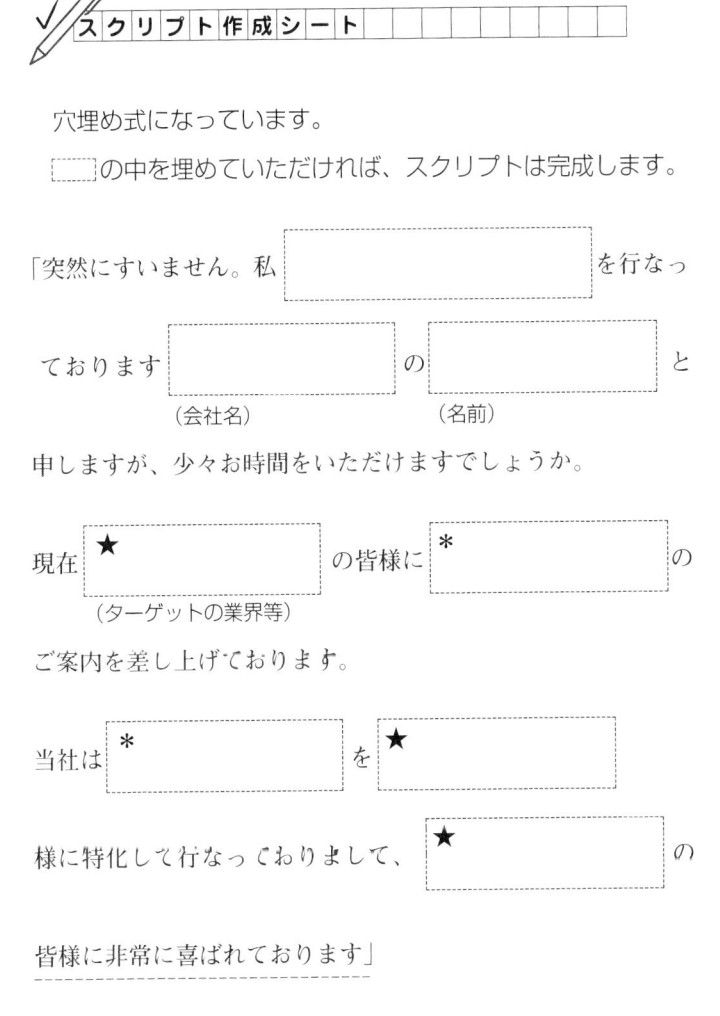

✎ スクリプト作成シート

穴埋め式になっています。

[____]の中を埋めていただければ、スクリプトは完成します。

「突然にすいません。私[　　　　　　　　　　]を行なっております[　　　　　　　]の[　　　　　　]と
　　　　　　　　　　（会社名）　　　　　（名前）

申しますが、少々お時間をいただけますでしょうか。

現在[★　　　　　　　　]の皆様に[*　　　　　　　]の
　　（ターゲットの業界等）

ご案内を差し上げております。

当社は[*　　　　　　]を[★　　　　　　]

様に特化して行なっておりまして、[★　　　　　　　]の

皆様に非常に喜ばれております」

3章 成功するテレアポの「話し方」

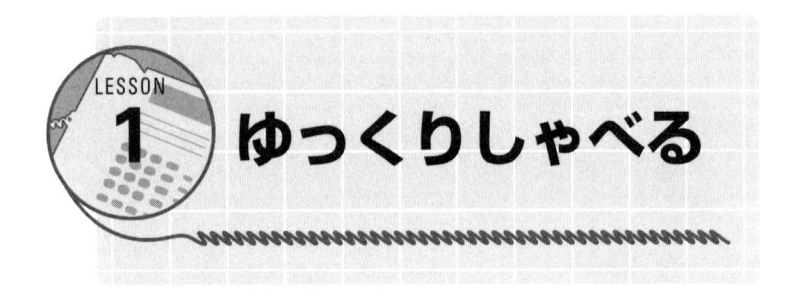

LESSON 1 ゆっくりしゃべる

　この章では、テレアポの「話し方」に関して述べます。

　1章でも述べましたが、悪いテレアポの3大要素は「早口・目的を言わない・一方的」です。

　これに対して、よいテレアポは「ゆっくりしゃべる・目的を伝える・会話をする」となります。

　「目的を伝える」については2章でもお話ししたので、その重要性を理解していただけたかと思います。

　テレアポのスクリプトを話す上でのポイントは、「ゆっくりしゃべる」ことです。

　なぜなら「悪いテレアポが早口だから」ということは、すでにお伝えしました。

　そもそも、なぜ、人はテレアポでは早口になってしまうのでしょうか？

　理由はたくさんあると思います。

断られることが多いので、焦って電話する。
先輩アポインターが早口だから。
上司にガンガン攻めろと言われたから。

私はコンサルティングやセミナーの場で「なぜ、早口になってしまうのか？」と質問をしたことがあります。
いちばん多かった答えは
「用件を速く言わないと切られてしまう」
です。

これは、真実でしょうか？
本当に「用件を速く言わないと切られてしまう」のでしょうか？

ここで2章の復習です。
テレアポの相手が、いちばん知りたいことは何だったでしょうか？

・会社名
・あなたの名前
・電話の主旨・目的

答えは、電話の主旨・目的、つまり「何の電話なのか」です。

　電話は元々、ビジネス用のツールとして開発されたものではありません。遠方の人とのコミュニケーション手段として、開発されたものです。
　特に、一般家庭では知人とのコミュニケーションが目的であって、営業されることが前提にはなっていません。本来は、知人や家族からしか電話はかかってこないはずです。

　そんなところへ、我々はテレアポをします。
　電話を取って、相手の声が知らない人のものなら、明らかに知人・家族でないことはわかります。
　そこで会社名や名前を名乗っても、あまり意味がありません。
　まず、電話の目的・用件をはやく伝えることが必要なのです。

　この場合の「はやく」とはスピードのことではなく、順番のことです。
　「速く」話すのではなく、順番を「早く」用件を伝えるのです。話すスピードはゆっくりでいいのです。

　また、私は、用件をきちんと言わないと、すぐ相手に切られると思っています。

3章 成功するテレアポの「話し方」

　スクリプト作成のポイントで「会社名より先に、電話の目的かキャッチコピーを入れましょう」と述べました。
　相手が知りたいことが「何の電話なのか？」「用件は何なのか？」なので、先に用件を伝えているのです。

　大切なことなので、もう一度言います。
　電話の相手は、用件を早く知りたいのですが、その「はやい」というのは、スピードではなく、「順番がはやい」ということです。
　電話の相手は、

　必要な電話なのか？　そうでないのか？

　これを判断したいのであって、話すスピードを求めているわけではありません。

　ですから、普通にゆっくりと用件をはっきり言えばいいのです。
　この時、ダメな人は、用件を言った段階で断わります。
　それが「○ △ ×」の法則の「×」の人なのです。
　「×」の人への対処方法はありません。

LESSON 2 30秒に収める

「ゆっくりしゃべる」のが具体的にどのくらいのスピードなのか、CDに入っているわたしのスクリプトを聴いて、ご自分のスピードと比較してください。

以下のスクリプトを話しています。

🅒🅓 トラック2・トラック5

「突然にすいません。私リゾートホテル専門の人材派遣を行なっていますリンクアップの竹野と申しますが、少々お時間をいただけますでしょうか。
現在ホテル・旅館の皆様に人材派遣のご案内を差し上げております。
当社は派遣業をホテル・旅館様に特化して行なっておりまして、ホテル・旅館の皆様に非常に喜ばれております。
現在人材派遣はお使いですか？」

「現在人材派遣はお使いですか？」

3章 成功するテレアポの「話し方」

という質問までの部分を30秒に収めてください。

なぜ、30秒なのか？

それは、人間が一方的に情報を与えられて我慢できる限界が30秒だと言われているからです。

CMは15秒か30秒でできています。

CMは一方的に情報を与える最たるものです。

わたしの会社でも、実際に「テレアポは何秒が最適なのか？」を検証したことがあります。

結果は30秒でした。

それ以下では短か過ぎますし、長くても飽きられます。

多くのマーケッターも言うように、テレアポ・テレマーケティングでは、相手は30秒はこちらの話につき合ってくれます。

CDでは、私が話した後に30秒の「無音部分」を作っています（トラック5）。そこで、あなたが作成した自身のスクリプトを話す練習をすることが可能です。

無音部分にうまく収まるように話してください。

参考 「トラック4」では早口で話しています。30秒のスクリプトと比べてみてください。

LESSON 3 声質と声のトーン

　コンサルティングやセミナーで、比較的たくさん受ける質問に「声質と声のトーン」があります。
　皆さん相当気にしているようですが、これには正解はありません。
　というのも、声質と声のトーンは人それぞれですので、一概に「どれがいい」と言えることではありません。
　最低限、人に不快感を与えないことです。

　アポイントが取れないと、自分の声質と声のトーンが悪いと思う方がいます。
　なかには、上司に「声質と声のトーンが悪いからアポが取れないんだ」と言われる方がいるようです。

　しかし、声質と声のトーンだけでアポが取れないということはありません。
　アポが取れない原因は他にあると思います。

3章 成功するテレアポの「話し方」

　ただ、いったん声質と声のトーンが悪いと思ってしまうと、気にしすぎて悪い方向にいってしまいます。

　CDには私の声が録音されていますが、声質と声のトーンを真似しようと思っても、限界があると思います。

　さらにいえば、"作った"声は嫌われます。
　以前、アナウンサーのように流暢でキレイな声のアポインターがいましたが、アポが多く取れたかというとそんなことはありませんでした。

　もっとガサツで、ガツガツしたしゃべりの人のほうが多くアポを取っていました。

　自分の声とトーンで気にせずに話してください。
　うまく話そうとしないで、飾らずに普通に話してください。

参考　「トラック3」では作った声で話しています。「トラック2」と比べくみてください。

LESSON 4 強弱をつける

相手により伝わる方法として、話し方のスピード・大きさ・テンポを工夫するということがあります。

スピード・大きさ・テンポは「強弱をつけること」ができます。淡々と話すよりも、強調する部分とそうでない部分を分けることによって、強調する部分をクローズアップすることができるのです。

以下のスクリプト例をCDに録音してあります

🅒🅓 トラック2・トラック5

「突然にすいません。私リゾートホテル専門の人材派遣を行なっておりますリンクアップの竹野と申しますが、少々お時間をいただけますでしょうか。
現在ホテル・旅館の皆様に人材派遣のご案内を差し上げております。

当社は派遣業をホテル・旅館様に特化して行なっておりまして、ホテル・旅館の皆様に非常に喜ばれております」

「突然にすいません」

　本当に詫びる気持ちを入れて、頭を下げながら言います。
　導入部分なので、テンポよく。

「リゾートホテル専門」

　この部分では、「専門」に力を入れて話します。
　いろいろな業界の人材派遣を行なっているのではなく、御社の業界専門にやっています、と強調します。

「竹野」

　「た　け　の」と少し間を空けて、ゆっくり言います。
　この前のフレーズまでを比較的強調して伝えていますので、ここで少し抜きます。
　すべてを強調してしまうと、押し売りのイメージが強くなってしまうからです。

「現在ホテル・旅館の皆様に人材派遣のご案内を差し上げております」

次の一文を強調したいので、ここは比較的、普通に話します。

「特化」
先ほどの「専門」と同じように、「特化」の部分を強調する

「非常に」
これも、強調して少し伸ばしながら言います。

このやり方は、わたしの会社のスクリプトの表現の仕方です。これを参考に、皆さんのスクリプトではどこを強調するべきかを考えて行なってください。

大切なことは、人は「話の内容」よりも、「話し方」を重要視するということです。

●「話し方」で38%が決まる

「メラビアンの法則」をご存知でしょうか？ メラビアンという心理学者が、人が初対面の相手から受ける印象を決定付ける要素を分析したものです。

相手方に与える印象の度合(比率)は「話の内容」が7%、「話し方」（声・スピード・大きさ・テンポ）が38%、「ボディーランゲージ」が55%の割合であるというものです。

この法則からもわかるように、「話し方」の比率が高いのです。

つまり、「話し方」を工夫することが、より伝わる方法なのです。

LESSON 5 質問をする

　すでに、スクリプトの章でスクリプトは完成していますが、そのスクリプトに追加して欲しいことがあります。

　それは「質問をする」です。

　スクリプトを見ていただくとわかるのですが、相手の方の話す部分がありません。
　これでは、一方的な電話になってしまいます。

　テレアポもコミュニケーションのひとつです。
　コミュニケーションは、相互に行なうことが重要です。
　会話をはずませるには、お互いに話すことが必要です。

　テレアポでも同じで、一方的に話していては、相手は心を許してくれません。
　そこで、質問をしてください。

3章 成功するテレアポの「話し方」

●質問するときのポイント

質問方法には2つあります。

「オープンクエスチョン」と「クローズドクエスチョン」です。

オープンクエスチョンは「この意見をどう思いますか?」というような広い聞き方です。

クローズドクエスチョンは「AとBはどちらが好きですか?」というような、簡単に答えられる聞き方です。

質問 テレアポに適した質問方法はどちらでしょうか?
理由も書いてくださいね。

(　　　　　　　　　　　　　　　　　　　　　　　　)

答えは、クローズドクエスチョンです。
　クローズドクエスチョンの場合は、相手の答えを想定することができます。

　たとえば、わたしの会社では「人材派遣はお使いですか？」と聞いています。

　これに対する相手の回答は「使っているか」「使っていない」このどちらかです。
　相手の答えはいずれか一方に限定されるので、その後の応酬話法を考えておくことができます。

　それに対して、「人材派遣をどのように考えますか？」と聞くと、相手の回答はさまざまで、その応酬話法を考えることは簡単ではありません。

　これでは、会話をコントロールすることができません。

　質問をする目的は、「ガス抜き」です。
　一方的に話されて、「お会いしていただけませんか？」と言われても、相手も戸惑うと思います。
　そこで、少しでもコミュニケーションを取るのです。

たとえば、あなたがパンを買う場合
いつものお店に行こうとするか？
まったく知らないお店に行くか？
どちらでしょうか？
私は、いつものお店だと思います。

　これは、パンの美味しさや値段がわかっている＝コミュニケーションが取れているからです。
　知らないお店は、美味しいかもしれませんが、コミュニケーションが取れていないので、不安なのです。

　これと同じで、少し会話をすると、それなりに親しみが生まれます。
　質問をする目的はコミュニケーションを取ることです。

　少しでも相手に話させてあげると、心を許してくれます。
　いきなり「会いたい」とクロージングをかけるより、コミュニケーションを取ってからクロージングをするほうが効果的です。

✓ テレアポにおける意識改革チェックシート

☐ よいテレアポの3大要素を理解している

☐ 30秒に収まるスクリプトを用意している

☐ 強弱をつけた話し方をしている

☐ 相手とコミュニケーションをとるために、質問をしている

4章 成功するテレアポの「応酬話法」

LESSON 1 なぜ、応酬話法が必要なのか

あなたがテレアポされる側になった場合を想像してください。

突然の電話で「ぜひ一度お会いしたい」と言われます。

しかし、あなたは案内されている商品には興味がありません。

相手は粘って、「今近くに居るので、これからお伺いしたい」と言います。

ここで、あなたはどのように答えるでしょう？

Ⓐ 「いいですよ。来てください」
Ⓑ 「今忙しい。これから出掛ける」とウソをつく

ほとんどの方が **Ⓑ** を選ぶのではないでしょうか。

突然のテレアポに対して、人は真実を言わずにウソをつきます。

テレアポでは表情を読まれないので、簡単にウソをつくことができます。

また、テレアポは世の中では迷惑なことと思われているので、ウソをついても罪悪感がありません。

「ザイアンスの法則」という法則があります。

米国の心理学者ザイアンスが1965年に発表した実験データです。

被験者に人の写真を次々と見せたところ、高頻度で現われた写真の人物に対して好意的な反応を示した、という結果から導き出された法則のことです。

「ザイアンスの法則」からいえるのは、次のようなことです。

人間は知らない人には攻撃的、冷淡な対応をする。しかし、人間は会えば会うほど相手に好意を持つようになる。

さらに、人間は相手の人間的な側面を知ったとき、より強く相手に好意を持つようになる。

この法則でもわかるように、テレアポはまったく知らない人からの電話なので、攻撃的で冷淡な対応をされるのです。さらには、表情が読まれないので相手は簡単にウソをつきます。

テレアポをする側は、ウソをつかれても相手の表情が読めないので、対応に困ります。

　テレアポをされた場合に自分もしていることでも、テレアポする側に回ると、それを忘れています。

　人は知らない人によい対応をしない。
　これを理解していると、応酬話法の必要性が理解できます。

理解していない人の発想
　「テレアポは突然かかってくるものだから、快く思われない」
　　　　↓だから
　「テレアポは嫌われている」
　　　　↓そこで
　「イヤな感じがしたら、すぐに引こう」

理解している人の発想
　「テレアポは突然かかってくるものだから、快く思われない」
　　　　↓だから
　「相手は真実を言わずにウソをつく」
　　　　↓そこで
　「応酬話法を使って、相手の真意を確かめよう」

つまり応酬話法は、相手の真意を確かめる行動です。

「ぜひ会いたい」と言っても、相手は心を開いてはくれません。そこで、応酬話法を使って深追いするのです。

ザイアンスの法則でも「初対面の相手には冷淡だが、人間は会えば会うほど好意を持つようになる」と言っています。

応酬話法によって接触頻度を上げることは、コミュニケーションを深めることになります。

●応酬話法は相手の真意を確かめるもの

ここで勘違いしてはいけないことがあります。

応酬話法は「相手を説得する話法ではない」ということです。

応酬話法を身につけて使ったとしても、それは万能ではありません。

応酬話法は相手の真意を確かめるために使うものです。

「○△×の法則」でもお話ししたように、「△」の人が「○」なのか、「×」なのかを見極めるために使うのです。

「△」の人の真意を見極めて、「△」の中の「○」の人はもう少し話してクロージングをし、「△」の中の「×」の人は、そこで話を終えるために使うのです。

応酬話法は「×」の人を説得する話法ではありませんから、応酬話法を使っても、相手の気持ちを変えることはできません。

　ここを間違えないでください。

　よく、「キラートーク」を教えてほしいという方がいます。
　キラートークとは、「これを言えば絶対にアポが取れる」トークのことです。
　しかし、世の中にそんなものは存在しません。

　キラートークを探している人は、永遠に彷徨います。

　応酬話法を使う理由は、相手がウソをつくからです。
　そして、そのウソが本当かどうか、確かめるために使うのです。

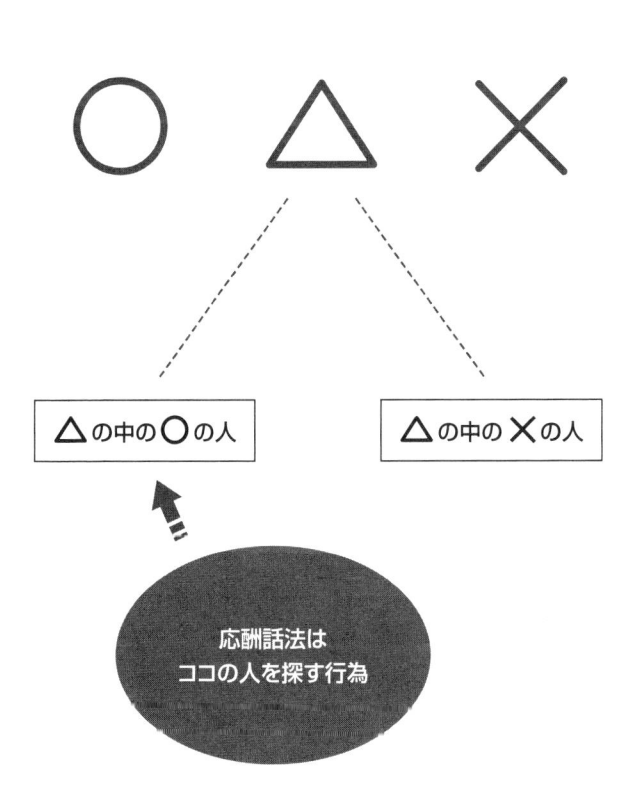

4章 成功するテレアポの「応酬話法」

△に注目！

○　　△　　✕

| △の中の○の人 | △の中の✕の人 |

応酬話法は
ココの人を探す行為

LESSON 2 応酬話法例 ①「資料を送って欲しい」

トラック7

相手:「資料を送ってもらえますか」

応酬話法 A

あなた:「はい、資料のほうご用意しております。しかし○○様、私がお話ししたいお話はお客様のそれぞれの状況に合わせて進めさせていただいております。
○日の○時と○日の○時のどちらがご都合がよろしいでしょうか?」

応酬話法 B

あなた:「はい、資料のほう用意しております。しかし○○様、資料だけではわかりづらい部分もあります。お客様の状況も違いますので個別にお話をさせていただいております。
○日の○時と○日の○時のどちらがご都合がよろしいでしょうか?」

「資料を送って欲しい」という方の中には、忙しいので資料を送って欲しいと言っている方と、まだあなたを信用できないので、取りあえず資料を送ってくれという方と、2通りいます。

前述のように切り返すことによって、「本当に忙しい」または「会うほどではないが資料は見たい」という方は、再度資料を送って欲しいと言います。

同じことを二度言われたら、それが相手の真意だと推測できるので、引き下がるほうが賢明です。

応酬話法を使って、相手が悩んだり躊躇した場合は、脈があると思われるので、すぐにクロージングに入るべきです。

ここは押す部分です。

LESSON 3 応酬話法例 ②「どんな内容の話なのか」

CD トラック8

相手:「どんな内容ですか?」

あなた:「はい、御社の役に立つ話です。御社のような○○(業界等)の方に非常に喜ばれております。ただ、私の話が御社にとってお役に立つかどうか、お話をさせていただかないとわかりません。ご判断は○○様にお任せいたします。ぜひ、一度お話を聞いてご判断ください。
つきましては、○日の○時と○日の○時のどちらがご都合がよろしいでしょうか?」

「どんな内容の話なのか?」
このように聞かれても、明確に答えてはいけません。
明確に答えると、そこで答えが出てしまいます。

特に注意していただきたいのは、「声だけで伝えるのはむず

かしい」ということです。

電話では、こちらの伝えたいことがきちんと伝わらないケースがあります。

一番伝えたいことは、面談で伝えるべきです。ジェスチャー・資料・声等使える部分をすべて使って表現するのです。

ということから、この場合の応酬話法ではかなり抽象的に表現しています。

伝えているのは「役に立つ話」ということだけ。

抽象的な表現ですが、この応酬話法で相手の真意と真剣度合いを計ることはできます。

そこから、その先どうするか決めればいいのです。

「もう少し、詳しく」と言われたら……二度目なので小出しにして会話をつなげていく。

「詳細を教えないと会わない」と言われたら……同様に二度目なので、わかりやすく説明する。

こんな対応も必要です。

私の経験では、この応酬話法で会える方は会えます。

簡単に会うと言ってしまうと、断る時に断りづらいので「あんなに一所懸命に会いたいと言われたから」という理由や納得材料を求めるのです。それを理解することも重要です。

LESSON 4

応酬話法例 ③
「興味がない」

相手：「興味がない」

あなた：「はい、おっしゃることはわかります。実は多くの方が最初はそうおっしゃるのですが、おもしろいことに、そうおっしゃる方こそ、お話を聞いていただくと「なるほど」とおっしゃっていただけます。ただ、○○様が「なるほど」とおっしゃっていただけるか、お話を聞いていただかないとわかりません。ご判断は○○様にお任せいたします。ぜひ、一度お話を聞いてご判断ください。
つきましては、○日の○時と○日の○時のどちらがご都合がよろしいでしょうか？」

「興味がない」、この反論も多いですね。
　そもそもテレアポは、興味があるかどうかわからない人に電話をしているので、こう言われるのは仕方がありません。

ポイントは、

本当に興味がないのか？

たくさんのテレアポにイヤになっていて反射的に「興味がない」と言っているのか？

「興味がない」という方は、大きくこの2つに分かれます。

テレアポする側は、本当に興味のない人を早く見極めて引きたいはずです。

狙いたいのは、反射的に「興味がない」と言っている方の耳を止めることです。

テレアポをたくさん受けている人にとっては、どのテレアポも同じです。内容は聞いていません。テレアポというだけで、体が拒否反応を起こしてしまいます。

「興味がない」と言われると、切り返しが難しいと思われますが、この場合のポイントは、相手にきちんと内容を聞かせた上で「興味があるのか？ ないのか？」を判断することです。

「興味がない」といわれると大体の人は引き下がるので、まずは切り返して、その次の相手の回答・反論を引き出さなければいけません。そこから会話を組み立てていくことが重要です。

LESSON 5

応酬話法例 ④
「時間がない」

CD トラック9

相手:「時間がないので……」

応酬話法 A

あなた:「そうですか。おっしゃることはよくわかります。しかし、○○様のようにお忙しい方こそ、お話を聞いていただきたいのです。私の話は○○様のお役に立つと思っています。その中には時間効率の話もございます。○○様にとってよい話かどうか、ご判断をいただきたいのですが。
つきましては、○日の○時と○日の○時のどちらがご都合がよろしいでしょうか?」

応酬話法 B

あなた:「そうですか。おっしゃることはよくわかります。お忙しいのは今月ですか? 来月はいかがですか?
もし、まったくご興味がなかったらここで話は終わりにします

が、私は○○様にとってよい話だと思っています。ぜひ、一度お話を聞いてご判断いただきたいのですが。
つきましては、○日の○時と○日の○時のどちらがご都合がよろしいでしょうか？」

「時間がない」という反論も頻繁に受けます。
　この反論も、テレアポがイヤで内容を聞かないうちから反射的に言っている場合があります。
　応酬話法で相手の真意を確認することが必要です。
　このケースでは、Bの応酬話法に"あるトーク"を入れています。

「もしまったくご興味がなかったら、ここで話は終わりにしますが」

　このトークによって、相手の真意が確認できます。
　「話を途中で終わりにします」と言っていますので、ここで終了することもできます。
　しかし、興味のある方にとっては、終了されるのは困ることです。簡単な気持ちで忙しいと言ったことで、せっかくの機会を損失することになります。

そこでそのトークの前に
「お忙しいのは今月ですか？　来月はいかがですか？」
　このように聞いています。

　興味のある方は「来月は時間がある」と回答することができます。
　相手の逃げ道を作ってあげるのも重要なことです。

　また、「忙しい」と言われたら、いつまで忙しいのか確認する。すると、時間のある日や月を教えてくれる場合があります。

　他にも、安易に「忙しい」と言ったことをさらに深堀りされると、相手に「逃げられない、きちんと対応しよう」という気持ちを起こさせることができます。

　いずれにしても、相手の発言を真に受けないで応酬話法を考えて切り返す、そこから起きたことで判断すればいいのです。

4章 成功するテレアポの「応酬話法」

応酬話法のポイント 1

「資料を送ってほしい」
- 「忙しいので資料を送ってほしい」
- 「まだあなたを信用できないので資料を送ってほしい」

見極める

「どんな内容ですか?」
- 相手の「役に立つ話」とだけ伝え、相手の真意と真剣度合いを計る

「興味がない」
- 本当に興味がない
- たくさんのテレアポにイヤになり、反射的に言っている

見極める

「時間がない」
- 本当に時間がない
- たくさんのテレアポにイヤになり、反射的に言っている

見極める

LESSON 6 応酬話法例 ⑤ 「こちらから電話します」

相手:「こちらから電話します」

応酬話法 A

あなた:「そうですか。ご連絡をいただけるということで、ありがとうございます。しかし、○○様、私はまだ◇◇（商品・サービス）に関しては何もお話ししていません。ご検討いただく上での情報が少ないと思います。まずは、お話を聞いていただいてよい話かどうかご判断ください。
○日の○時と○日の○時どちらがご都合がよろしいでしょうか？」

応酬話法 B

あなた:「そうですか、○○様。ご連絡をいただけるということでありがとうございます。しかし、○○様、残念なことにご連絡いただけるケースは少ないものです。○○様は違うと思いますが、皆様お忙しいので、なかなかご連絡をいただけません。

そこで、まずはお話を聞いていただいて、よい話かどうかご判断ください。お話を聞いてただいてから〇〇様のご連絡を待たせていただきたいと思います。
〇日の〇時と〇日の〇時どちらがご都合がよろしいでしょうか？」

「こちらから電話します」――このように言われることも多いと思います。
この場合、あまり真剣に対応してくれていないケースが考えられます。とりあえず、電話すると言っておけ、という気持ちだと思います。

しかし、我々テレアポする側は、この対応では困る訳です。
我々は、ダメなのかいいのか、その結論を教えてもらいたいのです。

そこで、例のように「まだ何も話していないので、話を聞いてから結論を出して欲しい」と言います。
逃げる相手に対して、きちんと向き合って欲しいと伝えます。

多くの人は「こちらから電話します」と言われた場合は、そのまま引き下がります。しかし、それではダメなのです。

電話が掛かってくることはまずないので、待っていても無駄です。
　そして、なかなか電話が掛かってこないので、もう一度電話をすると思います。
　そこで言われることはおそらく同じ、「こちらから電話します」でしょう。

　私は1本の電話を無駄にしないために、応酬話法で切り返します。
　仮に回答が「会えない」という回答だったとしても、その結果を受け止めます。
　なぜ受け止めるかと言うと、なかなか結論の出ない相手へ何度も対応するのは非効率だからです。

　Bの応酬話法は、ストレートに「電話は掛かってこない」と言い切ってしまいます。
　ただ、言い方はソフトにしてください。そうしないと相手の方が不快に思ってしまいますので。

　このパターンは、こちらから選択するという意思を持って、「電話をすると言われても、掛かってくることはほとんどないので、会った上でいい話かどうかを判断してください」という

やり方です。

　テレアポは「こちらからのお願い」のように考えている方が多いと思いますが、それは間違いです。
　こちらから勝手に電話をしているので、会いたくない人に会う必要はありません。

　迎合する必要はありませんし、媚びる必要もありません。
　大切なのは、会う機会をもらうことです。

　そのためには、不誠実な対応をする方は切り捨てるか、応酬話法で切り返して、その対応から会うか会わないかを決めればいいのです。

LESSON 7

応酬話法例 ⑥
「営業電話お断り」

CD トラック10

相手:「営業電話はお断りしております」

応酬話法 A

あなた:「御社の事情はわかりました。では、ご担当者様にFAXにて資料をお渡しいただきたいのですが、いかがでしょうか?」

応酬話法 B

あなた:「わかりました、御社の決まりということですね。ではひとつだけお願いがあります。私は、ご担当者様の結論が聞きたいのです。それでNOなら仕方がありません。今から申し上げることをメモしていただいて、ご担当様にお渡しいただけないでしょうか?

　今できるなら今お願いします。後日なら、改めてご連絡させていただきます」

「営業電話お断り」も多い反論ですが、正直にいってよい応酬話法はありません。

なぜなら、これは会社の決まりなのです。過去に悪いテレアポをされた経験から防衛策を取った訳です。

電話に出た方が、会社の決まりを破ってまで対応してくれることはありません。

しかし、この「営業電話お断り」の対応に命をかける人がいます。なんとか、トークを編み出そうとしますが、それは無駄なことだと思います。

これは、「○△×」の「×」なのです。
「×」を一所懸命「○」にしようとする行為です。
効果的な方法はありません。方法がないので、「営業電話お断り」の対応に命をかけている人は彷徨いはじめます。
これでは、アポは取れません。

対応策を考えなければいけないのは、「△」のどっちつかずの人に対して、ということを忘れないでください。
このようなことから、「営業電話お断り」への応酬話法は、FAXやメモを渡してもらうというシンプルなやり方です。
それもダメだと言われたら、引き下がります。

LESSON 8

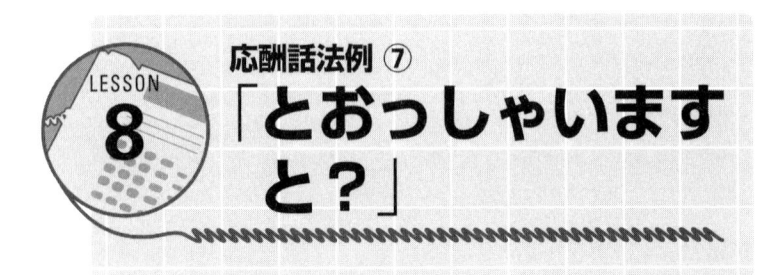

応酬話法例 ⑦ 「とおっしゃいますと?」

　テレアポをしていると、相手の言っている業界用語の意味や、相手の言っていることそのものがわからない場合があります。

　そんな時に「○○って何ですか?」とはなかなか聞けないものです。

　相手との人間関係ができていないので、知識がないことをあまり知られたくないと思います。

　そんなときに、うまく相手に切り返す応酬話法が

「とおっしゃいますと?」

です。

　たとえば、私は人材紹介会社にいた時に外資系金融機関を担当していたのですが、外資系企業が相手なので、英語が頻繁に出てきます。

　転職して間もない社内の打合せの時に「キャンディデイト」という言葉が出てきました(「キャンディデイト」とは転職希

望の候補者のこと）。

その時に私は「キャンディデイトとおっしゃいますと？」聞き返しました。

そうすると、先輩が言葉の意味を教えてくれました。

「とおっしゃいますと？」という聞き方は、この場合、「用語の意味がわからない」という捕らえ方と、「もう少しキャンディデイトの内容を深く聞きたい」という捕らえ方ができます。

「○○って何ですか？」では、ストレート過ぎるので、私は微妙なニュアンスの「とおっしゃいますと？」を使っています。

他にも、テレアポの相手が反論をしてきた場合に、「とおっしゃいますと？」と切り返します。

たとえば、「今は必要ない」と相手が言った場合は「今は必要ないとおっしゃいますと？」と聞き返します。

すると、相手は再度回答しなければならなくなります。

この場合、「今必要ない」の理由を説明してくれるはずです。

「とおっしゃいますと？」と切り返すと、最初よりもっと深い意見が聞け、会話が先に進むことになります。

もし、その回答が明確に必要ないと感じられる内容だったら、そこで終えればいいのです。大切なのは、曖昧にしておかないことです。

LESSON 9 応酬話法例 ⑧ 「120％満足していますか？」

CD トラック11

あなた：「どうでしょう。今の業者に120％満足していらっしゃいますか？」

相手：「満足しています」

あなた：「そうですか。現状で満足されているなら素晴らしいですね。

ただ、私も今すぐにとは思っておりません。今後のことを含めて、御社にとってよい話かどうか、ご判断いただきたいのですが。

つきましては、○日の○時と○日の○時のどちらがご都合がよろしいでしょうか？」

相手：「満足してないかなあ……」

あなた：「そうですか。それでは具体的にどの部分がご不満なのかお聞かせください。そして、私の話が御社にとってお役に立つ話かどうか、ご判断いただきたいのですが。

4章 成功するテレアポの「応酬話法」

つきましては、〇日の〇時と〇日の〇時のどちらがご都合がよろしいでしょうか？」

相手の反論で、「今の取引先で満足している」「特に困っていない」というような回答も多いと思います。

この場合に考えられるのは、「本当に今の取引先で満足している」場合と、「とりあえずテレアポだから間に合っていると言っておけ」という2パターンです。

テレアポする側は、簡単に諦めるのではなく、相手の真意を聞きだすことが必要です。
そのためには、例のように「120％満足していますか？」と切り返します。
人間は欲深いもので、ひとつのものにずっと満足し続けることは、あまりありません。とても欲しくて買った洋服でも、1年も着ていると飽きます。翌年には、また新しい洋服を買うのです。
そんな人の心理を利用して「120％満足していますか？」と聞きます。
100％でなく、120％です。
「120％の満足」と聞かれると、考え出すものです。考え出

すと、細かい部分の不満が出てくるものです。

　細かい不満を思い出して、「おたく、○○はできる？」と聞いてくる場合があります。

　そうしたら、さらに話を広げていくことができます。

　相手は、「満足している」「困っていない」と言えば、こちらが引き下がると思っています。

　「満足している」「間に合っている」という反論が真意かどうかを確認するためにも、一度切り返すべきです。

応酬話法のポイント2

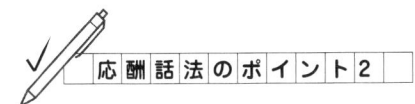

「こちらから電話します」
- 電話が掛かってくることはないので、"ダメ"なのか"いい"のか結論を聞く

「営業電話お断り」
- よい応酬話法はない
- FAXやメモを渡してもらう
  →それでダメなら引き下がる

「とおっしゃいますと?」
- 業界用語の意味を教えてもらえる
- 最初よりもっと深い意見を聞くことができる

「120%満足していますか?」
- 今の取引先で本当に満足しているのかどうか、真意を尋ねる

5章 成功するテレアポの「継続法」

LESSON 1 テレアポの効果的継続法

この章では、まず「継続法」についてお話しします。

これまでの内容で、テレアポができるようになるまでの考え方と準備はできたと思います。

しかし、それが一過性のものでは困ります。

継続的にアポが取れないと意味がありません。

最初の1件のアポが取れるまでに時間が掛かる方がいます。

一方、簡単に最初の1件のアポが取れる方もいます。

人によって掛かる時間が違いますので、早く取れたからいいというものではありません。

テレアポは短距離走ではありません。

テレアポは長距離走です。長く継続的に結果が出ることが重要です。

そこで効果的な継続法ですが——それは「基本を忘れない」

ということです。

> マインド
> リスト
> スクリプト
> 話し方

最初に学んだことを、ずっと変えないことです。

わたしがアポインターのコンサルティングにお伺いした企業の社員の方に、ある程度の確率で起こること、それは
「基本から離れ、自己流で行なう」
ことです。

自己流で行なうのが100%悪いことではありませんが、方向性を見失うケースが多いのです。

たとえば、スクリプトを見ないでテレアポを始める方がいます。自分の感覚で、話したいことを話し、テレアポの主旨を言わず、自分のキャラクターで押し進めようとします。
ある程度アポが取れ始めると、スクリプトから離れる方は多いのですが、スクリプトから離れると、ほとんどの方はアポが

取れなくなります。

　スクリプトから離れると会話が長くなります。すると、主旨が伝わりません。伝わらないのでさらに長く話します。
　そして、結果として断られるのです。

　この時に、断られたのは「×」の人だと考えます。
　しかし、自分がスクリプトから離れてしまって、主旨を伝えずに進めたことが原因だとは、その段階では気づきません。

　なぜなら、この時は「自分はアポがたくさん取れる」という自信があるからです。

　そのうち、「リストが悪い」「相手が理解できないのが悪い」と他者批判をはじめます。
　こうなってくると、もうテレアポのやり方は滅茶苦茶になってしまっています。

　なぜ、スクリプトを読むのか？
　スクリプトがきちんとできていれば、短い時間（30秒）で電話の主旨が伝わります。
　思い出していただきたいのは「声だけで伝えることは難しい」

ということ。

　だから、「スクリプトを読む」という単純なことをするのです。

　私は今でもスクリプトを毎回読んでいます。
　暗記はしていません。字を追って話すということは「ゆっくり」しゃべることにもつながります。

　テレアポというのは、実は単純なものなのです。
　基本を学んで、それを継続していくだけなのです。

　テレアポは難しくはありません。
　多くの人が難しいと"思い込んで"しまっているのです。

　その理由は、結果が少ない、なかなか出ないので正解がわかりにくいからです。

　しかし、発想を変えれば、外出しないで電話だけで見込み客に会うことができるという、とてもコストの安い方法なのです。
　もう一度言います。

テレアポの効果的継続法は「基本を忘れない・基本に戻ること」です。

　アポが取れたら、
　・その時のテレアポの流れ
　・どういう業界でアポが取れたのか？
　・自分の話した内容はどんな内容だったのか？
　これらを詳細に記録して、自分の頭の中にも記憶しておくことです。

　こうしておけば、アポが取れなくなった時に、今の自分とアポが取れていた頃の自分の何が違うのかを比較することができます。

　その答えは自分の中にあります。

基本から離れ、自己流で行う
→
スクリプトを見ない

基本を学んで、それを継続する
→
スクリプトを読む

LESSON 2 テレアポの練習方法

次に、テレアポの「練習方法」についてご説明しますが、皆さんおそらく練習が嫌いだと思います。

わたしが企業にコンサルティングに伺うと、一番嫌われるのが練習です。

実践のほうが好まれます。

しかし、何にでもいえることですが、練習は大切です。

まず、スクリプトが完成したら、ひとりで読んでみてください。

30秒に収まるように、感情表現や強弱もきちんとつけて読んでください。

スクリプトを暗記する必要はありませんが、自分の口になじませることは必要です。

5章 成功するテレアポの「継続法」

　次に、相手を想像しながら、相手のしゃべる部分の間を取って練習してください。

　"ひとりロープレ（ロールプレイング）"です。

　この読み込みの練習で、スクリプトが口になじむかどうかと、言葉や表現が難しくないかどうかを確認してください。

　この時に、自分の声や話している内容がきちんと相手に伝わるかどうかを確認してください。

　自宅の留守番電話や携帯電話の留守番電話サービスに吹き込んでみるという方法もあります。

　その後、可能であれば、相手役を誰かに手伝ってもらって、ロープレを行なってください。

　この場合、反論への応酬話法まで練習するのがベターです。

　ロープレをする場合は、お互いの顔が見えない状態で行なってください。

　相手の顔が見えると、目で訴えます。

　「目は口ほどにものを言う」というように、人は目で語ろうします。

❶　スクリプトを読んで口になじませる
❷　相手のしゃべる部分の間をあける＝"ひとりロープレ"
❸　誰かに相手役になってもらう＝ロープレ

テレアポは相手の表情が見えないので、ロープレも本番と同じ状況を作りましょう。

さらに可能なら、ビデオに撮影してみてください。
自分がテレアポしているところを映像で撮ることは、なかなかないと思います。
ビデオ撮影は、非常に効果の出る練習方法です。

人は視覚から得られる情報を重要視します。目を開けていれば、勝手にたくさんの情報を送り込まれます。
ですので、人は耳で聞くことや体感することよりも、視覚情報を重要と考えています。

72ページで紹介した「メラビアンの法則」によれば
話の内容：7％
話し方（声・スピード・大きさ・テンポ）：38％
ボディーランゲージ：55％
が、「群集が話し手から受ける印象の度合い」です。
話の内容や話し方よりも多くを占めるのは、ボディーランゲージ、つまり、視覚から得られる情報です。

この法則からもわかるように、自分自身のテレアポをしている姿を見ることによって、いろいろなことが見えてきます。

　よいところも悪いところも見えます。
　これはこれできちんと受け止めて、修正するべきところは修正しましょう。

　最近ではICレコーダーの価格が安くなっているので、購入して自分がテレアポを実践している声を録音しています。
　ICレコーダーで録音して「アポが取れた時」「取れない時」それぞれの話し方や内容に違いがないかどうかを分析しているのです。

　いずれにしても、段階的にきちんと練習を積み重ねることが大切です。経験を積んでからも、映像に撮るなどして修正を加えることが必要です。

LESSON 3 スランプ脱出法

　長くテレアポをやっていると、突然アポが取れなくなる時があります。
　いわゆる「スランプ」というものです。

　できなくなると焦ります。
　せっかく調子よくアポが取れていたのに、突然に……。

　原因を考えますが、思い当たることがない。自分ではなく、外部(リストやお客さん)の状況が変わったのか?
　いろいろと考え始めます。
　しかし、一向にアポが取れるようにはなりません。

　このようなスランプの脱出方法を、ある人の例で説明しましょう。

　ある企業のコンサルティングを行なった時のことです。

仮にAさんとします。Aさんは、アポが取れるまでにかなり時間が掛かりました。

Aさんのよくない点は、「×」の人にも一所懸命に話をすることです。

どなたにも、頑張って説明しています。

そうすると、1時間当たりの本数が伸びません。

体も疲れます。

アポが取れないと上司に嫌味も言われます。

また、同僚がアポを取っていると、焦る気持ちが出て売り込みが強くなり、悪循環に陥ります。

私がAさんに教えたのは「よい耳を作ること」です。

よい耳とは、お客様の真意を聞き分けることです。

イヤだと言っている方に時間を掛けないことです。

まず、相手の「声の感じ」や「間」から、応酬話法をする人とそうでない人を分けてもらいました。

判断がつかない場合は「この話は必要ないですか？」と聞いて、その回答によって判断するようにしてもらいました。

数週間が過ぎると、耳が慣れてきて相手の真意が聞けるようになりました。

こうなると後は簡単で、興味のある人にだけクロージングをすればいいのです。
　その結果、まったくアポが取れない状況からトップの成績になりました。

　ここまでは、まだスランプの話ではありません。
　しかし、Aさんがいかにしてアポを取るようになったかは、大事な話なので、あえて書かせていただいています。

　数ヶ月、トップの成績を残しましたが、ある月からアポが取れなくなってきます。

　Aさんは私に「どうすればいいでしょうか？」と聞きます。
　そこで、私は言います。
「答えはあなたの中にあります」と。

　さて、ここからがスランプの脱出方法です。
　まず「どうすればいいでしょうか？」──このように質問しているうちはダメです。
　これでは漠然とし過ぎています。
　たとえば、「リストが変わったらアポが取れなくなりました、どうすればいいでしょうか？」

こんなふうに聞かれたら、リストの業界・業種を確認して、スクリプトや電話する時間を変える必要がないかどうか考えます。

しかし、「どうすればいいでしょうか？」と質問する方が圧倒的に多いのです。

わたしはそんなとき、「もっと具体的に現状を教えてください」と言います。

しかし、そのように言うと、その後は相談してこない方も多いです。

こういう方は、すべてが曖昧で漠然としています。

だから、私が「具体的に」というと面倒に感じてしまうのです。

物事には必ず「原因と結果」があります。

自分のやっていること、置かれている状況を分析できていないと、スランプに陥った時に困ります。

「こうするとこうなる」と分析できていなければ、いくらアポがとれてもそれは「まぐれ」です。

あとづけでも構わないので、きちんと分析することです。

簡単なところでは、「○時に電話をすると相手はいる」というようなことからで構いません。

　Aさんの話に戻りますが、漠然と「どうすればいいでしょうか？」と聞かれたので、私は「答えはあなたの中にあります」と答えました。

　そして、やっていただいたのは、
「アポが取れていた時」と「今」とで何が違うか？
これをチェックしてもらいました。

　幸いにしてAさんの場合、アポがたくさん取れていた頃、状況をこと細かに記録してもらっていました。
　私は、いつかスランプがくることを想定していたので、「アポが取れた時に記録を取っておくことが一番大切です」と何度も言い続けました。
　その時は、意味があることだとAさんは理解していなかったと思いますが。

　「答えはあなたの中にあります」と言ったのは、その記録を見て、その時の自分を思い出して、その自分と話し合えばいい、という意味です。

5章 成功するテレアポの「継続法」

ポイントは、テレアポの基本要素である

> マインド
> リスト
> スクリプト
> 話し方

この4つがどうなっているかです。

Aさんの場合、「マインド」が変化したという分析結果が出ました。

アポが取れない時代は、一所懸命に心を込めて話していたのに、アポが取れ始めて投げやりになっていたそうです。

反論も切り返さずに、相手の真意を確かめる前に、電話を切っていたそうです。

「自分は耳がよくなったから、相手の真意も簡単に聞ける」と思い込んでいたそうです。

とても淡白なテレアポをしくいたようです。

Aさんはアポが取れていた時の自分との違いを分析して、悪いところがわかりました。

悪い点がわかったので、すぐに修正します。

すると、また取れるようになります。

スランプとは「アポが取れていた方」が「取れなくなる」ことです。
「アポが取れていた」という事実が、とても重要です。
そして、その記録も。

スランプの解決法、それは……あなた自身の中にあります。

テレアポのポイント・チェックシート

1 悪いテレアポとよいテレアポの違いを理解していますか？

  YES or NO

2 よいテレアポの要素を3つ書き出して下さい。

  (　　　　　　　　)
  (　　　　　　　　)
  (　　　　　　　　)

3 「○△×」の法則をきちんと理解していますか？

  YES or NO

4 「×」の人を捨てる勇気がありますか？

  YES or NO

5 テレアポで重要なのは「○△×」のどの人でしょう

  (　　　　　　　　)

6 リストをデータ化していますか？

  YES or NO

7 スクリプトは完成していますか？

　YES　or　NO

8 スクリプトで一番大切なことは何ですか？

　（　　　　　　　　　）

9 テレアポをする際に必要なものを書いてください（複数回答可）。

　（　　　　　　　　　　　　　　　　　　　　　）

10 テレアポの話し方で一番大切なことは何ですか？

　（　　　　　　　　　）

11 スクリプトの最初の部分は（　　　　）秒に収まるといいでしょうか？

12 応酬話法がなぜ必要なのか理解していますか？

　YES　or　NO

13 応酬話法は会えない人を説得するものではないことを理解していますか？

YES or NO

14 テレアポを長く続けるコツは（　　　　　）を忘れないことである。

15 スランプ脱出方法は（　　　）の中にあります。

16 テレアポが怖くなくなりましたか？

YES or NO

答え

2（ゆっくりしゃべる）（目的を伝える）（会話をする）
5（△）　**8**（電話の目的・キャッチコピー）
9 メモ・ボールペン・マーカー（蛍光ペン）　カレンダー・定規・付箋・鏡など
10（ゆっくりしゃべる）　**11**（30）秒　**14**（基本）
15（あなた）

おわりに

　この本の内容を皆さまはどのように感じられたでしょうか？

　とても役に立った
　もっとテクニックを知りたかった

　いろいろな意見があると思いますが、テクニックを望んでいた方には、満足いく内容ではなかったと思います。
　多くの人はテクニックを望みます。
　しかし、テクニックだけを望まれる方は、必ずアポが取れなくなります。
　テクニックに偏り過ぎると、基本を忘れます。

　テクニックは、ある方には通用するかもしれませんが、通用しない方もいます。

　「基本」なら、どなたにも通用します。

　今は「テレアポ」の本が何冊か出ていますが、いささかテクニック重視の傾向にあるようです（私自身も一時テクニックに

傾倒していたので、大きなことは言えませんが……)。

　テクニックやキラートークではアポは取れません。
　大切なのは、基本をきちんと身につけることです。

　いい家を建てるには、しっかりとした基礎工事が必要です。手抜き工事をしたら、1、2年は大丈夫だとしても、10年後どうなるかはわかりません。

　基礎＝土台はそれだけ大切なのです。

　あなたのテレアポも、短命でよければテクニックを重視してください。
　しかし、長く続けられるテレアポのノウハウを構築したいのなら、基礎をきちんと学ぶことです。

　この本はシンプルに基礎だけを掲載しています。逆に言えば、この本の内容だけで基本の部分は十分です。

　テクニックは、この基本を学んでから、上乗せで学んでください。
　そして、ぜひ、本書の内容を実践で使ってください。学んだ

ことも、実践で使われなければ意味がありません。

　少しずつで構いません。

　この本とCDを繰り返し、見て聞いてください。日々の少しずつの進歩が、数ヶ月後の結果につながります。

　この本は、テレアポ職人 竹野恵介が日々実践しているテレアポそのままの内容です。

　さまざまな業界のコンサルティングやテレアポ代行で実績を出してきた方法論です。

　ですから、必ずあなたの役に立つと思っています。

2008年6月
本日もテレアポ実践中のテレアポ職人　竹野恵介

この本をご購入いただいたお礼に、
私からテレアポのレポートを
無料で差し上げます。

本には書いていない内容を

特別無料レポート

として、3日おきに全5回メールで
テレアポのノウハウをお送りします。

↓

今すぐアクセス
http://www.telapo.com/report/

著者略歴

竹野　恵介 (たけの　けいすけ)

有限会社リンクアップスタッフ代表取締役
1966年生まれ。東京都出身。専修大学法学部卒業後、アルミサッシメーカー、輸入商社、人材紹介会社の営業マンなどを経て、2002年3月有限会社リンクアップスタッフを設立。
生命保険会社から一貫して、テレアポで新規開拓を行なう。現在、約10年のテレアポ経験を活かし、テレアポ・電話営業のコンサルティング、代行、教材の販売を行なっている。今までなかったテレアポ・電話営業のノウハウを、メールマガジン、ブログ等で公開し、法人から個人のアポインターにいたるまで徹底支援している。
圧倒的なテレアポ経験から、「テレアポで困ったら竹野に聞け」と言われるまで支持を得ている。現在も「テレアポ職人」と名乗り、自身もアポインターとして活躍中。
著書に『即効即決！驚異のテレアポ成功術』『7日間で身につく！驚異のテレアポ成功話法』（同文舘出版）、『できる人に学ぶテレアポの極意』（PHP研究所）、『ちょっとした努力で結果を出せる　頭のいい営業法』（日本実業出版社）。

■連絡先
有限会社リンクアップスタッフ
〒167-0043　東京都杉並区上荻1-24-19-201
TEL:03-3220-5887　FAX:03-3220-5897　e-mail:takeno@linkup-jp.com
URL:http://www.telapo.com
URL:http://linkup.livedoor.biz
URL:http://www.mag2.com/m/0000150518.html

目と耳で学ぶ！
はじめてのテレアポ成功ブック

平成20年8月6日　初版発行

著　者　竹　野　恵　介
発行者　中　島　治　久

発行所　同文舘出版株式会社
　　　　東京都千代田区神田神保町1-41　〒101-0051
　　　　電話　営業03（3294）1801　編集03（3294）1803
　　　　振替　00100-8-42935　http://www.dobunkan.co.jp

©K.Takeno　ISBN978-4-495-58051-3
印刷／製本：シナノ　Printed in Japan 2008

| テレアポ職人 竹野恵介の | DO BOOKS | 実践テレアポシリーズ |

即効即決!
驚異のテレアポ成功術

竹野恵介 著

"根性論"だけで片づけられがちだったテレアポの仕事を、論理的・体系的に分析し、原因と結果を考えながらわかりやすく解説。短期間で、驚くほどアポイント率を高める方法がよくわかる! 原因と結果を考えた合理的テレアポ術を活用すれば、テレアポが楽しくなる!

本体1,400円

7日間で身につく!
驚異のテレアポ成功話法

竹野恵介 著

テレアポ上達への近道——それはよいスクリプト・応酬話法を作り、毎回その通りに話すこと。そして論理性を理解して、対処法を学び、繰り返し行なうこと。本書では「スクリプト」「応酬話法」に的を絞り、その考え方と作成方法、事例で全編を構成。もうテレアポは怖くない!

本体1,400円

同文舘出版

※本体価格に消費税は含まれておりません